古賀稔彦の一本で勝つ柔道 決定版

組み手、引き手、釣り手、足の位置…「古賀流投げ技」のすべて!!

DVD映像だから、ココが違う!!

踏み込み足の位置や相手との間合い、引き手、釣り手の使い方などを徹底解説！
2アングルとスローの映像でイメージが掴みやすい!!

DVD収録技一覧

#01 一本背負い投げ、#02 背負い投げ、#03 袖釣り込み腰
#04 小内巻き込み、#05 巴投げ、#06 腰車、#07 大外刈り
#08 体落とし、#09 背負い落とし、#10 大内刈り、#11 払い腰、#12 内股

バルセロナ五輪・金メダリストの古賀稔彦が明かす「投げ技の奥義」
実戦ですぐに使えるテクニックが満載!!

付録DVDの操作方法

この付録DVDは、本編を三大原則〈技の基本〉、奥義〜その壱〜〈技解説編〉、奥義〜その弐〜〈技実践編〉に分けて収録しています。はじめは技の基本を、次に技解説編をご覧頂き、投げ技の心得を理解しましょう。その後に、ご自身の用途に合わせて各項目を選び映像をお楽しみ下さい。

◉三大原則〈技の基本〉
立ち技で一本を奪うために
必要な3つのポイントを解説します。

◉奥義〜その壱〜〈技解説編〉
世界を制した一本背負い投げなど、
古賀柔道の奥義を伝授します。

◉奥義〜その弐〜〈技実践編〉
誌面の連続写真の部分を動画で収録。
何度も見て12の技を習得しましょう。

ボタンの説明

上の写真の画面（TOPメニュー）から各項目ボタンをクリック操作することで、それぞれの収録映像メニュー画面にジャンプします。メニュー画面では同様にお好みの項目をクリックして進み、映像をお楽しみ下さい。

なお、各メニュー画面からは以下のボタンによって、各操作をすることができます。

戻る ひとつ前のメニュー画面に戻ります。

注意!!

本書の付録DVDはDVD-Videoです。DVD-Videoは映像と音声を高密度に記録したディスクです。DVD-Video対応プレーヤーで再生してください。本DVDはDVD-Video対応（専用）プレーヤーでの再生を前提に製作されています。DVD再生機能を持ったパソコンでも再生できますが、動作保証はできません。あらかじめご了承ください。ディスクの取り扱い、操作方法に関してのご質問・お問い合わせは、弊社は回答に応じる責任は負いません。詳しい再生上の取り扱いについては、ご使用のプレーヤーの取扱説明書をご覧ください。ご利用は利用者個人の責任において行なってください。本DVDならびに本書に関するすべての権利は、著作権者に留保されています。著作権者の承諾を得ずに、無断で複写・複製することは法律で禁止されています。また、本DVDの内容を無断で改変したり、第三者に譲渡・販売すること、営利目的で利用することは法律で禁止されています。本DVDや本書において落丁・乱丁、物理的欠陥があった場合には、TEL 0480-38-6872（注文専用ダイヤル）までご連絡ください。本DVDおよび本書の内容に関するご質問は、電話では受け付けておりません。恐れ入りますが、本書編集部まで葉書、封書にてお問い合わせ下さい。

「立ち背負い」を教えてくれたのは兄だった

　柔道を始めた小学生の時から、一本背負い投げ、背負い投げはやっていました。でも、それは膝をついての「背負い」。「立ち背負い」…膝をつかずに立ったまま投げる背負い投げを学んだのは上京し「講道学舎」に入門してからです。最初に、その技を見た時、あまりの美しさに感動しました。自分もできるようになりたいと強く思いました。私に「立ち背負い」を教えてくれたのは、2年早く「講道学舎」に学んでいた兄でした。

最初は上手くいかないそれでも「絶対に戻るな!」

　「そうじゃねぇだろ」と兄は怒鳴ります。かつて東京五輪で金メダルを獲得した岡野功先生から兄は、背負い投げを伝授されていました。足の位置、手の使い方…さまざまな部分において兄は細かく教えてくれますが、とにかく基本に厳しく、私が出来ないとすぐに怒ります。最初は上手く出来ませんでしたが、立ち背負いに対する気持ちは変わりませんでした。確実な形で技に入れ、そして一度、投げを仕掛けたら「絶対に戻るな」と一本を取る柔道を兄から教えられました。

「本番」の気持ちで「練習」する

　練習で出来ないことは本番でも出来ません。でも、練習では出来ても本番の試合になると出来ないことがあります。なぜ、そうなるのか。練習を「本番」の気持ちでやっていないからです。練習のための練習をやってはいけません。試合で勝つために練習をするのです。だから、練習の時こそ緊張感を持つ必要があります。しっかりと練習を積んで技の準備をしておけば、本番の舞台では自分本来の柔道を披露できます。

技は、仕掛けるタイミングが大切

　「先に技を仕掛けろ」とよく言われます。積極的に相手を倒しにいくことは大切でしょう。しかし、それは何でもかんでも技を掛けていけば良い、という意味ではありません。技を掛けるには、タイミングも必要なのです。ここでは仕掛けても投げられない…という場面では私は絶対に技には入りません。「ここだ！」というタイミングで入ります。そのタイミングを打ち込み、乱取り稽古を通して体得していく必要があります。

1992年7月31日・バルセロナ
五輪決勝、金メダル獲得の瞬間。
Photo by
Getty Images / AFLO

自分の柔道は
自分でつくる

　基本は大切です。でも、教えられたことを、その理論も考えようともせずに、ただやっていたのでは意味がありません。技の入り方を教えてもらったならば、何故そうすることが有効なのかを考えてみましょう。その点を理解した上で稽古に取り組めば、成長の度合いは格段に高まります。そこから、もっと有効なやり方はないかを考え、技に工夫を加えることもできます。「自分の柔道は自分でつくる」…主体性を大切にして下さい。

すべての「投げ技」に共通

　私は、一本を奪える技を体得するには「3つの大切なこと」があると考えています。これは私の得意技、一本背負い投げに限らず、すべての技に共通します。本書の中でも繰り返し記しますので、体に浸透させて下さい。

その1 〈一歩目の足の位置〉

　一歩目の足を正確に踏み出せるか否かで、その技で一本を奪えるかどうかが決まります。いい加減な踏み込みで仕掛けても、その技は決まりません。むしろ返される危険性が高くなります。「一歩目の足の位置」は、仕掛ける技によって使い分けよう。

参考例②
相手の右足斜め前に一足分空けて右足を踏み込む。背負い投げの原則

参考例①
相手の両足に対しT字を描く場所に一歩目を踏み込む。一本背負い投げ、背負い投げ、袖釣り込み腰、いずれもケンカ四つの場合に用いる。

参考例③
相手の両足に対して三角形を描き、その頂点に一歩目を。体落とし、払い腰等に用いる。

する3つの大切なこと。

その2 〈姿勢〉

姿勢を正して技に入ってこそ全身の力を活用できます。最も自分の力を発揮できる体勢で技を仕掛けるように心懸けましょう。猫背になっていたり、体が曲がった状態で技に入っても一本を奪うことはできません。背筋を伸ばし胸を張ること…正しい姿勢は技の基本です。

✕悪い例

良い姿勢とは、自らの力を最大限に発揮できる体勢との意。背筋は伸ばし顔は真正面に向けて胸を張る。

その3 〈目線〉

姿勢よく技に入るために、一つ大切なことがあります。どの方向を見て技を繰り出すか…つまり目線が大切なのです。技に入った時、投げる方向に、しっかりと視線を向けましょう。「投げる方向を見てから投げる」…そのクセをつけてください。

相手を投げる方向に目線を向ければ自然に姿勢は良くなる。道場の壁に目印を貼り、それを見ながら打ち込み稽古をやってみよう。

著者 古賀稔彦
Toshihiko Koga

1967（昭和42）年11月21日、佐賀県三養基郡出身。小学校入学直後に柔道をはじめる。中学1年生の時に柔道私塾「講道学舎」に入るために上京。弦巻中、世田谷学園高を経て日本体育大学へと進む。その間に、全国中学校大会（団体戦）、インターハイ（個人中量級）、正力杯国際学生大会、嘉納治五郎杯国際大会、講道館杯など国内外で開かれた主要大会の数多くで優勝。大学4年時の89年にはベオグラードで開かれた世界選手権も制した。91年に世界選手権連覇、92年にはバルセロナ五輪で金メダルを獲得。「平成の三四郎」と呼ばれ国民的ヒーローとなる。95年世界選手権でも優勝。96年のアトランタ五輪では銀メダリストとなり、2000年4月に現役引退を表明。その後、自らが主宰する道場「古賀塾」を開き、後進の指導に勤しんでいる。著書に『勝負魂』（ベースボールマガジン社）ほか。

モデル／麻野貴宏　DVDモデル／笹川順平
1990年4月29日『全日本選手権大会』 Photo by Jun Tsukida／AFLO SPORT

古賀稔彦の一本で勝つ柔道 決定版

付録DVDについて	2
プロローグ	3
すべての〈投げ技〉に共通する3つの大切なこと	6
著者紹介	8
道場でのトレーニングに、ひと工夫…おすすめしたい「サーキット打ち込み」	36

第1章

#01 一本背負い投げ 奥義12+1 — 12

袋(脇の下)を掴む／肘の裏で挟む／小指を内側に絞り込む
空間をつくる／肘は真横に／姿勢は真っ直ぐ
一歩目は、つま先で／バネを使う／引き手は下から
両足は平行に／目線／防御されても投げ抜く／ケンカ四つでの投げ方

#02 背負い投げ 奥義7+1 — 26

姿勢は真っ直ぐ／肘の位置は胸の真横に／引き手の絞り込み
手首を返しながら引き上げる／一歩目の「足」と両手の「小指」
釣り手の手首は巻き込む／目線／ケンカ四つでは釣り手を活かせ

第2章

#03 袖釣り込み腰	38
#04 小内巻き込み	44
#05 巴投げ	48
#06 腰車	52
#07 大外刈り	56
#08 体落とし	60
#09 背負い落とし	64
#10 大内刈り	68
#11 払い腰	72
#12 内股	76

第1章

一本背負い投げ
Ippon Seoinage
奥義 12+1

背負い投げ
Seoinage
奥義 7+1

#01 手技

いっぽんせおいなげ
Ippon Seoinage

一本背負い投げ

奥義 12+1

基本は大切。だが、そこに工夫を加えてこそ、「自分の技」を得ることができる。

　相手の片方の腕を抱えて背中に担ぎ前方に投げる…私が最も得意としている技です。この一本背負い投げはメジャーな大技で、自らよりも体の大きな選手と対する場合にも有効な技術と言えます。膝をつく形ではなく、「立ち背負い」にこだわって私は技に工夫を加えてきました。基本の形を実践向けに改良した投げ方を解説します。

1 自然体で組み合う。引き手の持ち位置は袖ではなく袋（脇の下）の部分。

2 右足は相手の右足の前へ、一歩分のスペースを保ち踏み出す。同時に引き手を上げる。

#01 手技
一本背負い投げ 奥義 12+1

5 脇をはさんだ右腕は内側へと絞り込む。

6 体重をつま先に乗せ、膝のバネを利用して投げる。

3 背中を向けた状態。相手との間に僅かにスペースをあけ、且つ平行に立つ。

4 腕を担ぐのではなく、相手の脇を肘の内側ではさむ。

絶対に投げる！ 絶対に一本を奪う!!
強い意志を持って技を仕掛けろ！

技を仕掛ける時には、「絶対に投げる」との強い意志を持つことが大切。何となく掛けた技では一本は奪えない。「姿勢」「目線」そして「一歩目の足の位置」…この基本3原則を軸に体の動きを理解してみよう。

7 相手をはね上げるように真上へ投げ飛ばす。尻をつき上げるような形で。

8 投げ終えた後、つま先で立っているのが理想の形。

奥義 1

#01 手技 一本背負い投げ

袋(脇の下)を掴む

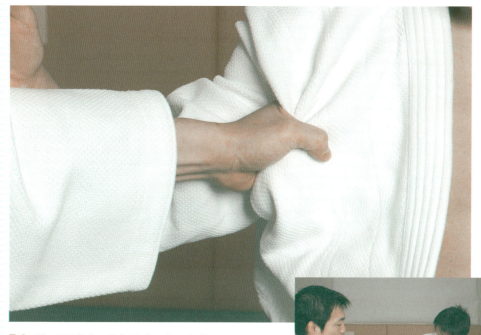

「自分の引き手」は切らせない…
「相手の釣り手」を切るための工夫

　引き手は相手の袖を持つのが基本とされる。しかし私は袋(脇の下)を持っていた。理由は「切られにくい」から。また体の大きな選手と戦えば奥襟を掴まれることもある。そんな時も袋を持っていれば釣り手を切ることができる。

脇の下を掴むと引き手は切られにくい。相手を動きにくくすれば自らは、より技を仕掛けやすくなる。

袋を掴んだ左手で相手の脇を突くと、釣り手を切ることができる。

奥義 2 　#01 手技　一本背負い投げ
肘の裏で挟む

大切なのは相手を固定すること
腕を肩で担いでは駄目！

　背負う際、相手の腕を肩で担いではいけない。道衣を手で持つだけでは固定できず引いた時に、腕がすっぽ抜けてしまう。相手の脇の下を自分の肘の裏側で挟み込み、しっかりと決めておこう。

肘の裏側で相手の脇の下を挟み込み固定する。打ち込み稽古の段階から、このやり方を徹底しよう。

×悪い例
肩に担いでしまうと、相手を固定できず腕がすっぽ抜けてしまう。

奥義 3 　#01 手技　一本背負い投げ
小指を内側に絞り込む

肘の裏で挟んだ相手の腕を
パーフェクトに決めておきたい

　相手の脇の下を肘の裏側で挟む際に、注意すべきことがある。逃がさぬように相手を、しっかりと固定すること。そのためには、小指を内側に巻くように絞り込むと効果的だ。単に挟むだけでなく、「小指を巻く」感覚を忘れずに。

相手の脇の下を挟んだ右手の小指に力を込めて内側に巻くと、相手の腕への絞り込みも強力になる。

奥義 4　#01 手技　一本背負い投げ
空間をつくる

左手（引き手）で相手の右腕を高く引き上げる！

相手の腕を、しっかりと決めるためには、自らの右手が入りやすい空間を作り出す必要がある。袋を持った左手で相手の腕をできるだけ高く引き上げる。技に入るためのスペースを広く持つことも大きなポイント。

腕を決めるためには、相手の脇の下に自分の右手を差し込む広いスペースを作る必要がある。

奥義 5　#01 手技　一本背負い投げ
肘は真横に

肘が肩より上がったり、胸より前に出ていては駄目！

自らの体勢を崩していては、どんなに頑張っても技は決まらない。相手を背負う際、自分の肘を胸の真横に持っていくようにしよう。肘の位置が上がったり下がったり、あるいは前に出ていたのでは安定したバランスを保っているとは言い難い。「肘は胸の真横」…これが全身の力を最大限に発揮できる姿勢である。

右肘の位置が胸部の真横にくるよう心懸けて練習して欲しい。

#01 手技 一本背負い投げ

奥義 6 姿勢は真っ直ぐ

前から見ても、横から見ても相手に対して「真っ直ぐ」に立つ

すべての技を掛ける際に共通する「3原則」の一つである姿勢。しっかりと胸を張ることを忘れないで欲しい。前から見ても横から見ても「姿勢は真っ直ぐ」を心懸けよう。「一本背負い投げ」を繰り出す時も相手に対して平行に立つ。相手を担ぐ直前は、自分の背中と相手の胸部を密着させるのではなく、僅かにスペースを保つことが望ましい。

背負う直前の形。相手との間には僅かな空間を作っておきたい。

#01 手技 一本背負い投げ

奥義 7 一歩目は、つま先で

二歩目で腰を回す時、右足首をスムースに回転させるために

一歩目の足は相手の右足の斜め前に一足分の距離を保って踏み出す。この時、カカトをベタッと畳につけないで、つま先に重心を置く。腰を回す時に右足首をスムースに回転させるためだ。

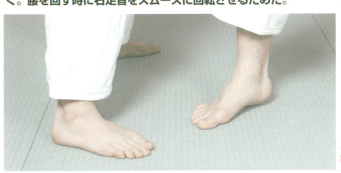

つま先に重心を置いて一歩目を踏み込めば、その後の動きがスムースになる。

奥義 8 #01 手技 一本背負い投げ
バネを使う

**カカトに重心を置くな！
必ず、つま先で立て！**

上半身の動きだけを意識していては、上手く投げることはできない。足のバネも十分に活かす必要がある。そのため、カカトに重心を置くのではなく、必ずつま先で立つように。

✕ 悪い例

カカトに体重を乗せて立つと足が伸びたままになる。

○ 良い例

つま先で立つと膝の屈伸を利用できる。曲げた形で相手を背負い、投げた後は伸び切った形になるのが理想。

奥義 9 #01 手技 一本背負い投げ
引き手は下から

**「攻撃」か「防御」かで
引き手の持ち方は変わる**

相手の腕の上から引き手を持てば相手の技を封じやすいが自分も技を出しにくい。逆に下から持てば、技は仕掛けやすいが、それは相手も同じ。ただ積極的に技を出すなら、引き手は下から。

引き手を下から持てば、一本背負いに入るための脇の下のスペースをつくりやすくなる。

引き手を上から持てば相手の動きは封じやすいが、自らも技を仕掛けにくい。

奥義 10

#01 手技 一本背負い投げ
両足は平行に

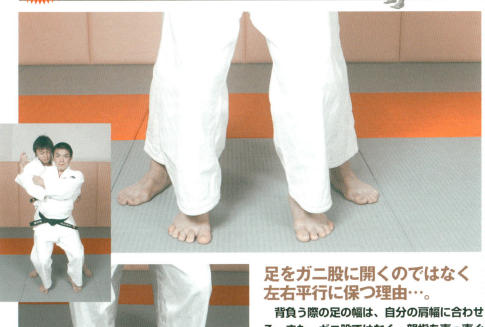

足をガニ股に開くのではなく左右平行に保つ理由…。

背負う際の足の幅は、自分の肩幅に合わせる。また、ガニ股ではなく、親指を真っ直ぐ正面に向けて両足は平行に。ガニ股で技に入ると投げる際に足の力が外へ逃げてしまう。

畳の上にチョークで印をつけて足の置き方を確認しながら練習しよう。

○良い例
親指に重心を置くと足の内側にパワーがたまる。

×悪い例
小指に重心を置くと力が外へ逃げてしまう。

親指に力を入れる!!

×悪い例
ガニ股で入ると足に力がたまらない。

×悪い例
足幅が広過ぎる。

×悪い例
足幅が狭過ぎても駄目。

奥義 11 目線

#01 手技 一本背負い投げ

最初から下を向いては駄目
投げる方向を見てから技に入る

「一本背負い」の体勢に入った時、投げる前から下を向いている選手は少なくない。だが、それでは一本を奪う投げを相手に見舞うことは難しい。正しい姿勢で技に入れていないからだ。下を向くのではなく、投げる前には、必ず投げる方向に目線を向けるようにしたい。そうすることで胸を張った正しい姿勢を作ることができる。

技に入った時、必ず投げる方向へ視線を向ける。これは、すべての技に共通する注意点。

練習方法

道場の壁に目印を貼り、そこへ目線を向けて打ち込み稽古を行なってみよう。

奥義 12
#01 手技 一本背負い投げ
防御されても投げ抜く

左足を絡められても諦めない…
「両足均等」から「右足」へ重心を移動させて投げる

相手が左足を絡めて防御してきたならば、通常のやり方では「一本背負い」を繰り出すことはできない。だが、そこで諦めるのではなく自らの重心を移動させて、そのまま投げ抜くようにしたい。通常は両足に均等に体重を乗せるが防御された場合は重心を移動させ、右足軸で投げる。

奥義 +1

#01 手技 一本背負い投げ

「左vs右」…ケンカ四つでの投げ方

1 技に入る際に邪魔な相手の左腕を落とす。

2 ケンカ四つの場合、引き手は袖ではなく襟を持つ。一歩目の左足はTの字をつくる形で踏み込む。

邪魔な相手の釣り手を落とし二歩目の右足は深く踏み込む

まず相手の釣り手を落とし、踏み込む際の二歩目の右足は相手の足の間深くに入れる。また引き手も、袖ではなく襟を持つ…巻き込まれるのを防ぐためだ。

通常

足を横に並べる通常の形で入ろうとすると、相手の左足で防御されやすい。

オリジナル

右足を相手の股間深くへ入れれば、左足で防御されることはない。

釣り手の落とし方／右手で道衣の袖を掴み、左手で手首を押さえる。この形から胸を張り両手を押し出し、全身の力を使って相手の釣り手を落とす。

3 二歩目となる右足は、相手の股間深くへ踏み、肘の裏側で脇の下を挟んで腕を決める。

4 3で投げる方向に目線を向けた後、左足を引き右足に近づけて投げる

5 投げる際には足腰のバネを利用しよう。

6 投げた直後、バネを使い切った、つま先立ちの両足は、ピーンと伸びている。

#02 手技

背負い投げ
せおいなげ
Seoinage

奥義 7+1

足の運びは「一本背負い」と同じ。引き手と釣り手の使い方が異なる

「一本背負い投げ」とともに私が得意とする技です。「一本背負い」と「背負い投げ」には、いくつもの共通する注意点があります。そのため、特に足の運び方においては、ここでは詳しくは触れていません。「一本背負い投げ」の章を参考にしてください。また重ねて記している部分は特に大切なポイントです。練習の参考にして下さい。

1 自然体で組み合う。引き手は道衣を絞り込んで持つ。

2 一歩目の足は相手の右足の前に一足分のスペースをあけて踏み込む。

#02 手技 背負い投げ 奥義 7+1

5 投げる方向を見た直後に投げる。バネを使えるよう膝には弾力を持たせる。

6 足のバネを利用して投げる。

3 相手の脇の下にできたスペースに肘を入れる。

4 姿勢には気をつけたい。しっかりと胸を張る。

確実に相手を投げる！
そのために必要な「基本」と「工夫」!!

引き手を目の高さまで上げて相手の重心を崩す。釣り手の肘を脇の下に入れて相手を一気に担ぎ前方へと投げる。実戦で背負い投げを華麗に決めるには基本の習得に加え、細かな工夫も求められる。

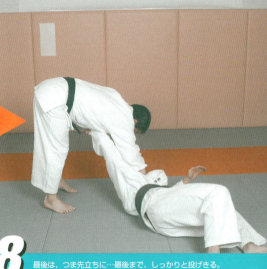

7 引き手は最後まで離さぬように。

8 最後は、つま先立ちに…最後まで、しっかりと投げきる。

奥義 1 #02 手技 背負い投げ
姿勢は真っ直ぐ

「正しい姿勢」なくして「一本！」は勝ち取れない

正しい、真っ直ぐな姿勢で技に入るよう心懸けたい。正面を真っ直ぐに見て胸を張る。その形からでなければ完全な背負い投げは繰り出せない。当たり前のことのようだが、これが出来ていない人が意外と多い。

○良い例

×悪い例

奥義 2 #02 手技 背負い投げ
肘の位置は胸の真横に

釣り手の肘と手首の中間を相手の脇の下に当てる

相手を担ぐ時、肘の位置は胸の真横に持っていくようにしよう。肘が上がり過ぎても下がり過ぎても確実に相手を背負うことはできない。また肘と手首の中間を脇の下にあてるよう心懸けるとバランスの良い形がつくりやすい。

○良い例
肘の位置を胸の真横に持っていく。

×悪い例
肘が上がり過ぎると相手を背負うことができない。

×悪い例
肘が下がり過ぎても相手の体を背中に乗せることはできない。

奥義 3 #02 手技 背負い投げ
引き手の絞り込み

肘の真横部分を持ち
切らせぬように絞り込む

　引き手は、道衣の袖の下を持つ人も多くいるが、肘の真横を持つのが私のやり方。縫い目にかかっていない部分をできるだけ多く持ち、その上で絞り込むように握る。相手に簡単には切らせないための工夫だ。引き手も何気なく掴んでいてはいけない。確実に相手を投げるためには細かな部分もチェックしておきたい。

袖を絞り込むように引き手を持つと
相手の腕を固定できる。

奥義 4 #02 手技 背負い投げ
手首を返しながら引き上げる

小指を外側に捻る感じで
引き手は目の高さまで上げる

　しっかりと胸を張った姿勢から、引き手は手首を返しながら引き上げる。小指を外側に捻るようにして手首を返すことによって、よりスムースに高く相手の腕を上げることができる。

手首の返しを用いることで引き手の動作が
スムースに行なえる。

奥義 5 #02 手技 背負い投げ
一歩目の「足」と両手の「小指」

足の踏み出しと同時に手首を返すイメージを持つ

一歩目の足と、釣り手・引き手の小指を同時に動かす…そのイメージを持てれば技に入るタイミングが掴みやすい。繰り返し練習し体で覚えよう。

右足の踏み出しと手首の返しを同時に行なう。この動きを体得しておこう。

3つの動きを瞬時に行ない相手を固定する。

奥義 6　#02 手技　背負い投げ
釣り手の手首は巻き込む

道衣を巻き込んで釣り手は握る
手首を反らすと肘を傷めることも…

釣り手は手首が返った状態だと力が入らず、また切られやすい。相手の道衣を巻き込むようにして持つようにしよう。手首が返ったままで投げていると負担がかかり過ぎて肘を傷めてしまうこともあるので注意したい。

○良い例
道衣を巻き込む形をつくり手首を絞り込む。釣り手が外れてしまわぬように、しっかりと掴もう。

✕悪い例
手首が返った状態だと相手を固定しづらい。また肘を傷める原因にもなってしまう。

奥義 7　#02 手技　背負い投げ
目線

正しい姿勢を保つために
投げる方向に視線を向ける

正しい姿勢を保つためには、投げる方向を見てから背負う動作に入ることが大切。目線を投げる方に向けることを忘れないようにしよう。

練習方法
道場の壁に目印を貼り、そこへ目線を向けて打ち込み稽古を行なおう。

奥義+1

#02 手技 背負い投げ

「左vs右」…ケンカ四つでは釣り手を

1 釣り手の手首を相手の肩に押しつけて間合いをつくる。

2 一歩目の足を、相手の両足とで描いたT字ラインの先へと踏み出す。同時に引き手を目の位置まで上げる。

釣り手の手首を相手の肩に押しつける

　ケンカ四つの体勢…いかにして相手に押し込まれることなく、技を仕掛けるスペースを作るか…。ポイントは釣り手の使い方にある。

相手の釣り手が邪魔になり、このままの状態では技を仕掛けられない。

手首を肩に押しつけて相手の釣り手を外側に弾くと、技を仕掛けるスペースができる。

体の大きな相手に奥襟を持たれて間合いを潰された状態。

釣り手の手首を相手の肩に押しつけると間合いがつくれる。

活かせ!!

3 相手の足の間深くへ二歩目の右足を踏み込む。

4 釣り手の手首は道衣を巻き込むように持ち、相手の顎を突き上げる。

5 左足を引いた後、足腰のバネを十分に使って投げる。

6

Column

道場でのトレーニングに、ひと工夫…
おすすめしたい「サーキット打ち込み」

　道場トレーニングにおいては、基礎体力の強化と技術向上の両面を目指したい。そのために、おすすめするのが「サーキット打ち込み」だ。通常、打ち込みは片方の選手が10回行ない、次いで相手が10回行なう。だが「サーキット打ち込み」は、一人が20秒間の打ち込みを行なった後に、馬跳び→打ち込み→股くぐり→打ち込み→腕立て伏せ→打ち込み→腹筋運動→打ち込み→馬跳び→打ち込み…といった形式。基礎体力の向上にも重点を置いた間断なきトレーニングだ。ただ、このサーキット打ち込みは惰性でやっては意味がない。打ち込みは一つひとつの技を確認しながら丁寧に行なおう。

　また、1回ずつ交互に打ち込む「交互打ち込み」も効果的。体の動きが多様化されるために心肺機能を向上させ、攻め受けの一体感も得ることができる。

第2章

袖釣り込み腰
Sode Tsurikomigoshi

小内巻き込み
Kouchi Makikomi

巴投げ
Tomoenage

腰車
Koshiguruma

大外刈り
Osotogari

体落とし
Taiotoshi

背負い落とし
Seoiotoshi

大内刈り
Ouchigari

払い腰
Haraigoshi

内股
Uchimata

#03 腰技

そでつりこみごし
Sode Tsurikomigoshi

袖釣り込み腰

奥襟を取られた状態から「背負い」でフェイントをかけて繰り出す!!

私と対戦する相手は皆、「一本背負い投げ」「背負い投げ」を警戒していました。そのため、「背負い!」と見せかけて仕掛けることのできる「袖釣り込み腰」は、相手の裏をかくことが可能な必須アイテムでした。「背負い」に入ろうとした時、相手の動きを見極めて、繰り出す技を変化させる。技を多彩化することで自らの得意技は、より威力を発揮します。

1 相手が奥襟を持ってくる。引き手の位置を脇の下にずらし（ポイント1）、釣り手を左襟から右襟へ持ち替える（ポイント2）。

2 右技に入るフェイントを見せた後、右足を軸に腰を回転させる。引き手は上げる。

#03 腰技 袖釣り込み腰

引き手は袋（脇の下）を持ち、右手で相手の襟を持ち替える…その工夫が「一本」を生む

ここに紹介するのは、体の大きな相手に奥襟を掴まれた状況からの袖釣り込み腰。相手の押し込みを食い止めた上で、技を仕掛けるスペースを作り出したい。ポイントは左右の手の使い方にある。

ポイント1 「袖」ではなく「脇の下」を掴むことで相手を固定、自らの可動域も広くなる

引き手の持ち位置は「袖」から「脇の下」へとずらす。相手をしっかりと固定するためには「脇の下」を掴む方が切られにくく得策。また、引き手の可動域を広げることもできる。

ポイント2 襟を持ち替える…投げやすい形を作り出すために

左襟から右襟へと釣り手を持ち替える。大きな相手に奥襟を持たれた場合、押し込まれてしまうことがある。それを防ぐために相手の右襟を持って腕を突っ張る。また、この右手の突っ張りを利用して技を仕掛けるためのスペースを広げる。

3 腰を回転させて相手の懐へ入る。胸を張って姿勢よく。

4 釣り手を前方に引き出しながら相手を背中に乗せる。

ポイント❸ 引き手は、できる限り高く上げる姿勢よく入ることも忘れずに!

相手の体をいかに上に引き上げるかが一つのポイント。できる限り相手の体を伸び上がらせたい。背中に乗せる要領は背負い投げと同じ。この時、しっかりと胸を張った正しい姿勢で入らないと技は決まらない。投げる前には目線も真正面に向ける。

5 背負い投げと同じように足腰のバネを十分に使って投げる。

6

1 相手の釣り手を落とす（ポイント1）。

2 一歩目の足は、相手の両足とで描いたT字ラインの先に踏み出す。

#03 腰技 袖釣り込み腰
「右vs左」のケンカ四つ…引き手を高く上げ左手で相手の足を固定し腰に乗せる

ケンカ四つの状態においては、両腕でガッチリと組み合うことは難しい。掴める部分も限られてしまう。そんな状態からでも仕掛けることが可能なのが、この「変則・袖釣り込み腰」だ！

ポイント① 相手の釣り手を落とす方法

両手を使って相手の釣り手を落とそう。左手で相手の手首を押さえて、右手はしっかりと絞り込むように道衣の袖を持つ。この形から胸を張り、両手は押し出す。全身の力を使ってやってみよう。

ポイント② 引き手は、できる限り高く、二歩目の足は、奥深くへ踏み込む

引き手は可能な限り高く上げて、引き出すような形で相手のバランスを崩す。二歩目となる右足は相手の股間深くに踏み入れよう。一歩目の足の位置を含めて一つひとつの動作は確実に行なう。反復練習を通して体得して欲しい。

3 相手の両足の間、奥深くへ右足を踏み込む。引き手は高く上げ、左足を左手で抱える（ポイント2）。

4 左足を引きながら相手を背中に乗せる。

ポイント③ 左手で相手の足を固定する

左手を後方にまわし、相手の左足を固定する。その時に抑える位置は相手の膝裏、または膝裏よりもわずかに上の部分。相手の体格によって微調整することになる。

5 両足のバネの力を利用して投げる。

6

#04 捨て身技

こうちまきこみ
Kouchi Makikomi

小内巻き込み

自らの全体重を浴びせかける
大きな相手を倒すのに有効

一歩目の足は「背負い」と同じ要領で踏み出します。よって「小内巻き込み」も「背負い」を警戒する相手に仕掛けやすい技と言えますが、同時に体の大きい相手を倒すのにも有効です。自らの全体重を相手に預ける…よって相当な体格差があったにしても一本を奪うことが可能です。体の小さな選手は是非、体得して下さい。

1 相手の動きを確認しながら技を仕掛けるタイミングをうかがう。

2 一歩目は「背負い投げ」と同じ位置に踏み込み、二歩目の左足を右足後方に引きつける。

#04 捨て身技 **小内巻き込み**

「背負い」でフェイントをかけ腰の引けた相手に仕掛ける!!

「一本背負い投げ」に入るのを察知した相手は、防御しようと重心を後方に移動させる。この時が「小内巻き込み」を仕掛けるチャンスだ。相手が体重移動をするか否かで技を使い分ける。

ポイント① 右手で足を抑えると同時に耳を肩部に押しつけて相手を固定する

相手の足を右手で抑える…この時、しっかりと脇を締める。相手の肩に耳をあてて上半身を固定する際には引き手も十分に活用したい。

ポイント② 胸を張れ!! 姿勢が悪いと相手に体重をかけられない

×悪い例

姿勢が悪いと技は決まらない。背中を丸めた格好で踏み込んでも相手に自分の力が伝わらない。しっかりと胸を張って正しい姿勢で一歩目を踏み出すよう心がけよう。

3 相手の両足の奥深くに右足を踏み入れる。

4 耳を肩に押しつけ、右手で足を抱え込むように抑えて相手を固定する（ポイント1）。

ポイント ③
必ず目線は投げる方向に!!
後ろを向いては返されてしまう

投げる方向に目線を向けることを忘れてはいけない。後ろを向くと姿勢が崩れて返されてしまうことがある。

5 相手の足を内側から刈りながら、全体重を相手に浴びせる。目線は投げる方向へ。

6 足腰のバネも利用して最後まで投げきる。

#05 捨て身技

ともえなげ
Tomoenage

巴投げ

技は進化する、右利き…
されど右足を軸に!!

タイミングよく繰り出せば一本を奪える華麗な捨て身技です。ただ基本通りの形では、確実に投げることは難しい、と私は考えました。そこで、いくつかの改良を加えたのです。通常、右利きの選手は左足を軸にしますが、私は、右足を相手の股関節辺りに当てています。相手を真後ろではなく斜めの方向へ投げる「横巴」の一種と言えるでしょう。

> **ポイント 1** 仕掛ける瞬間に襟から奥袖へ釣り手を持ち替える!!

通常

オリジナル

釣り手で襟を持って投げるオーソドックスな巴投げだと、腰を落とした時に、相手に左手をついて防御されてしまうことがある。そのため私は、釣り手で奥袖を絞り込むように持っていた。この形で投げると相手は左手の動きを封じられているために防御できない。

釣り手で相手の襟を持つオーソドックスな形。

奥袖へと釣り手を持ち替える。相手の引き手の自由を奪う。

1 左側へ相手の体を振ってフェイントをかける。

2 フェイントをかけた反動も利して相手を右に崩す。

3 自らの腰を落としながら、足の裏を相手の股関節にあてる。目線の方向は足を当てる位置に。

#05 捨て身技 巴投げ

防御を許さぬオリジナル・バージョン
その秘密は右手の使い方に…

相手が押し込んできた際に、その勢いを逆に利用しての捨て身技…というのが巴投げの定説。だが自ら左右の動きでフェイントをかけて仕掛けることも可能です。実践的な変則バージョンを紹介します。

ポイント2 持ち替えた釣り手で道衣を絞り、腕を固定する

相手に手をつかれて防御されないために釣り手で奥袖をつかむ。だが、それだけでは十分でない。小指を内側に捻り絞り込む必要がある。相手の腕は完全にロックしておきたい。

ポイント3 支点となる右足は相手の股関節に当てる

足の裏を当てる位置は、「下腹部」というよりも「股関節」と表現するのが適当だろう。当てる位置がズレると決まらないので、しっかりと見て正確に。

ポイント4 「かけ逃げ」を取られないように!!

捨て身技は入りが不十分だと、「かけるフリをして逃げた、時間を稼いだ」と判断されて指導を与えられることがある。要注意！

4 右手で奥袖を持ち絞っているため、相手は手をついて防御することができない。

5 真後ろではなく斜め後ろへと投げる。

#06 腰技

こしぐるま
Koshiguruma

腰車

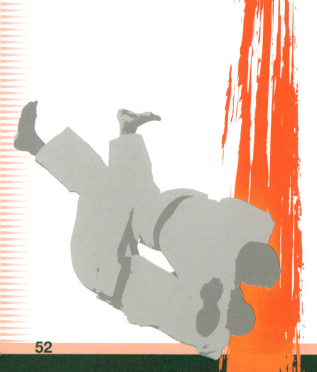

「右vs左」のケンカ四つ…「背負い」を警戒する相手に見舞う!!

アトランタ五輪が間近に迫った頃、90年代後半に入ってから私が多く繰り出すようになった技です。右対左…つまりケンカ四つの体勢になった際に用いました。足の運びは「背負い」と同じ…よって「背負い」を警戒している相手に有効です。頭部をしっかりとロックし、腰を支点に相手の体を回転させます。

1 右対左のケンカ四つでの組み合い。

2 技を仕掛けるのに邪魔な相手の釣り手を落とす。

#06 腰技 腰車

腕で巻き込むのではない…
手首を反らせて頭部をロックする

「背負い投げ」を仕掛けるには、相手の胸と自分の胸の間に広いスペースが必要となる。相手は警戒して、そのスペースを作らせてくれない。そんな時には裏をかき上から頭部を抱えて「腰車」を決めよう。

頭部をロックする際の注意点

頭部をロックする際に手首を内側に曲げて腕を巻き込んだのでは上手く決まらない。手首を反らせた状態で相手の頭部を固定しよう。この時に右手と左手を握って投げてしまうと反則を取られるので注意したい。

左足は相手の足の間へ深く踏み入れる

左足を深く踏み込むことには理由がある。オーソドックスな形で相手の足の前に二歩目を踏み込んだのでは腰を切られて逃げられてしまうのだ。足を深く踏み込むことで密着度を高め、より強く相手を固定することができる。

3 左手で襟を持ち、相手の両足とで形造ったT字ラインの先に一歩目を踏み出す。

4 右足を相手の足の間深くに踏み入れて、右手で頭部をロックする。

> **ポイント③ 増やしておきたい技のバリエーション**
>
> 自分の得意技を、より活かすためには技のバリエーションも必要となる。この「腰車」は、一歩目の踏み込みが「背負い投げ」と同じ。相手が「腰車」もあるぞと警戒してくれれば、「背負い投げ」も決めやすくなる。

5 左足を引きつけると同時に相手を投げる。

6 腰を支点に相手を回転させる。

#07 足技

おおそとがり
Osotogari

大外刈り

大型選手が得意とする ダイナミックな刈り技!!

　背負い投げ、内股と同様にポピュラーな大技です。主に大型選手が得意とする技ですが大切なのは相手との距離感。一歩目の足の位置が重要なポイントとなります。見た目には、シンプルで覚えやすそうな技ですが不容易に入ると返し技の餌食になってしまいます。相手の体勢を巧みに崩した後に、自らの姿勢を良くして仕掛けましょう。

1 自然体での組み合い。

ポイント ① 一歩目の踏み出しは、相手の真横に真っ直ぐに!!

○良い例　✕悪い例

✕悪い例

相手の右足と平行になるように自分の左足は真っすぐ踏み出す。

踏み込む左足は相手の右足の真横に平行に置く。足の位置が離れ過ぎたり、踏み出す足の方向が斜めを向いたりしないこと。相手の足は真っすぐに刈る。方向が斜めでは力も半減してしまう。

離れ過ぎたり足先が斜め向きでは駄目

ポイント ② 足は高く、大きく振り上げる!!

思い切って、刈り足は高く大きく振り上げよう。そうしないと力が相手に伝わらない。その前提として大切なのは姿勢。頭の下げた丸まった姿勢では、足を高く振り上げることができない。

2 左足を相手の右足の真横に踏み出す（ポイント1）。

3 右足を真っすぐ高く蹴り上げるように前に出す。胸は、しっかりと相手にぶつける（ポイント2）。

#07 足技 大外刈り

姿勢よく、刈り足を高く上げ、
肘の裏側を相手の顎に引っ掛ける!!

身長が高く体の大きな選手が得意とする大技。だが、それほど大きくない選手でも工夫を凝らすことで同体格の相手には有効な技となる。姿勢よく、上半身と下半身の連動を意識して習得してみよう。

ポイント3 真正面から胸を会わせて刈る 顎部を一気にかち上げる!!

真正面から胸を合わせて足を刈る瞬間、右腕で鎌の形をつくり相手の顎部を一気にかち上げる。肘の裏側を顎下に引っ掛けるのだ。足を刈ることだけで相手を倒すのではなく上半身とのコンビネーションを意識することが大切。

練習方法 投げる方向へ目線を向ける!

道場の壁に目印をつけて打ち込んでみよう。

4 振り上げた右足を振り戻し、カカトからふくらはぎの部分にあてて相手の足を刈る。

5 刈った後、右足は後方へ大きく振り上げ、釣り手の手首は返す。

手技

たいおとし
Taiotoshi

体落とし

相手がバランスを崩した時が仕掛けのチャンスだ!!

相手が右足を踏み出してきた時が仕掛ける最大のチャンス。引き手と釣り手で、いかに相手のバランスを崩すかが大きなポイントとなります。姿勢は背負い投げの際と、ほぼ同じですが、釣り手の使い方と足の運び方は異なります。フォームを習得すると同時に繰り出すタイミングを覚えるためには、乱取りを通して反復練習することが大切です。

1 一歩目の足を踏み出す（ポイント1）と同時に、引き手を高く上げる。

2 体を回しながら二歩目、引き手は目の高さまで引き上げておく。

#08 手技 **体落とし**

気をつけたい一歩目の踏み込み!!
釣り手で相手の顎を突き上げる

道場で誰もが学び、稽古する技だが簡単そうに見えて実は難しい。注意したいのは、一歩目の踏み込み、上半身と下半身のコンビネーション、そして引き手と釣り手を同時に作動させることを意識しよう。

ポイント1 三角形をイメージ その頂点に一歩目を踏み出す

大切なのは一歩目の足の踏み込み。相手の両足に対して三角形をつくる形で、その頂点に右足を置く。距離感も重要。極端な二等辺三角形を描くのではなく正三角形に近い形が理想。一歩目を踏み込みすぎると腰を回転できない。

ポイント2 釣り手と引き手を同時に動かし 顎を突き上げて相手のバランスを崩す

上半身の動作においては、釣り手と引き手を同時に動かすことが大切。引き手は目の高さまで上げ、釣り手は相手の顎を突き上げるように用いる。引いてから釣るのではない…同時にモーションを起こすことで、相手のバランスを崩すことが可能になる。

#09 手技

せおいおとし
Seoiotoshi

背負い落とし

上半身は「背負い投げ」下半身には「体落とし」の動きを用いる！

背負い投げ、体落としを体得した後に学んでおきたい複合技です。つまり上半身に背負い投げの動き、下半身には体落としの動きを用います。「体落とし」においてはタイミングが重要視されますが、それ以上に「背負い落とし」の場合は上半身で相手を固定する必要があります。両手の捌きと足の運びを、いかに上手く連動させるかが一つのポイントです。

1 足の運びは体落としと同じ。一歩目は相手の両足とで形造った三角形の頂点部へ踏み出す。

2 上半身の動きは背負い投げと同じ。引き手を目の高さにまで上げる。

#09 手技 背負い落とし

足幅は開き過ぎない!!
釣り手と引き手は同時に動かす

　上半身の動きは「背負い投げ」と同じ。釣り手と引き手は、小指を絞り込みながら同時に動かす。そのことを意識して練習するとタイミングを体得しやすい。

ポイント 1 足の運びはコンパクトに!! 広く回り込んではいけない

○良い例　足幅は肩幅の約1.5倍に。

×悪い例　足の開き過ぎは安定感を損ねる。

○良い例　二歩目は右足近くに置く。

×悪い例　右足を遠くに置いてはいけない。

　二歩目は、一歩目の足に近い位置へコンパクトに踏み入れたい。広く回り込んでしまうと投げる姿勢において足幅が広くなり過ぎてしまう。すると体の位置も低くなり力が入らなくなる…注意！

ポイント 2 釣り手は巻き込んで握る 引き手は目の高さまで持ち上げる

　「背負い投げ」と同じように上半身を動かす。釣り手は、相手の道衣に巻き込むようにして絞って握る。手首を反らせてはならない。引き手は手首を返しながら目の高さまで引き上げよう。手首の返しを意識することでスムーズに引き上げることができる。

#10 足技

おおうちがり
Ouchigari

大内刈り

相手を瞬時に固定し足を内側から刈る!!

　動く相手を瞬時に固定し、片方の足を股の内側から刈り後方へと倒す。目線は前方に向けて全身の力を相手に真正面からぶつける感じで練習してみよう。相手のバランスを崩したい時にも非常に有効な技で、連絡技の一つとしても、よく用いられる。仕掛ける際には引き手を引くのは禁物…返される場合があるので、この点は注意したい。

1 自然体で組み合うのが理想。相手を動かしてチャンスをうかがう。

2 「体落とし」と同じく一歩目の足の位置は三角形の頂点に。

#10 足技 **大内刈り**

釣り手、引き手を同時に動かしカタカナの「ハ」の字を描く!!

「ハ」の字を描くように引き手と釣り手を同時に動かし相手の動きを止める。自らの重心は相手の両足に乗せるように移動させる。引き手は前へ押し出すこと。引くと返し技を食らう可能性が高まる。

ポイント① 踏み込む足のつま先を正面に向け両手で「ハ」の字を描いてみよう

「ハ」の字を描くように両手を広げて相手の体を固定する。引き手、釣り手の操作は大きなポイント。踏み出す足のつま先は正面に向けて足を刈りながら自らの体重を相手に浴びせる。

ポイント② 腰を引いては駄目!!胸を張り相手と臍(へそ)を合わせる

相手の足を刈ることを意識し過ぎて、足だけを前方に出していては技は決まらない。腰を引くのではなく、相手と胸を合わせる感じで、体ごとぶつかっていこう。

3 モーションを小さく二歩目の足を踏み込む。胸を張った姿勢を保って。

4 親指で円を描くような形で相手の足を内側から刈る。

練習方法 投げる方向へ目線を向ける！
壁につけた印に目線を向けて練習しよう。

5 両手はしっかりと持ったまま、前方へと重心を移動させる。

6 浴びせ倒す形でフィニッシュ。

#11 腰技

はらいごし
Haraigoshi

払い腰

上体を捻りながら、足で相手を払い上げる!!

前方に崩した相手を腰に浅く乗せ、足を払い上げて前方に投げる。相手を深く腰に乗せて投げるのが「大腰」。対して「払い腰」は、上体に捻りを加えながら、最後はピンと伸ばした足で相手を払う。ただ、最後には足をピンと伸ばす形になるが、それ以前の動作においては伸ばし切らずに膝のバネを活かしたい。足を払う位置も高くなり過ぎないように。

1 一歩目の足の位置は三角形の頂点に（ポイント1）。

2 相手の釣り手を引き上げ二歩目の足を交差させる（ポイント2）。

#11 腰技 払い腰

踏み込み足のつま先は、左に向ける 低い位置で相手の足を払いたい!!

　上の「連続写真1」を見て欲しい。一歩目の足は相手の両足とで形成される三角形の頂点に置くわけだが、つま先は左に向ける。また「連続写真4」の通りに、低い位置で相手の足を払うようにしよう。

ポイント 1　釣り手の人差し指は、必ず道衣の襟に引っ掛ける

釣り手の人差し指を相手の道衣に引っ掛けずに投げようとする人を、よく見かけるが、そのやり方は、おすすめできない。手が離れやすくなってしまうからだ。

○良い例

×悪い例

ポイント 2　軸足が伸び切ったままでは駄目 膝のバネを上手く使おう

投げているシーンでは軸足は伸び切っている。しかし、連続写真を見て分かるように、その前段階では軸足が伸び切ってはいない。足腰のバネを有効に使う必要があるのだ。軸足の膝には弾力を持たせておきたい。いかに動けば相手の体を自在に操れるのかを考えながら練習しよう。

○良い例

×悪い例

3 引き手は、目の位置にまで上げる。

4 釣り手の前腕は相手の胸に当てる。また相手の膝よりも下の部分を跳ね上げる。

練習方法 投げる方向へ目線を向ける！

壁につけた印に目線を向けて練習しよう。

6 釣り手を押しつけるようにして相手を畳に投げつける。

 #12

足技

うちまた
Uchimata

内股

足腰のバネが求められる ポピュラーな大技!!

相手を引き上げて崩し、自らの腰を回転させながら股の内側から内膝辺りを跳ね上げる大技。この内股は非常にポピュラーで、その分「ケンケン内股」などの応用編的な投げ方も幾つか生み出されているが、ここではオーソドックスなスタイルを紹介する。「一歩目の足の位置」「どの部分を跳ね上げるのか」を理解して稽古してもらいたい。

1 胸を張った正しい姿勢で引き手、釣り手をしっかりと持つ。

2 引き手を持ち上げて相手のバランスを崩す。

#12 足技 内股

相手を引き上げて崩し、自らの腰を回転させ、内膝をはね上げる!

内股を自分の得意技にしたい、と考える選手は多い。ならば、このポピュラーな大技を完全体得してもらいたい。不容易に仕掛ければ透かされるリスクもある。「絶対に投げ切る」…との意志と十分な準備の下、仕掛けたい。

ポイント ① 一歩目の足は「三角形の中心」に!!

一歩目の足の位置をアバウトに考えていては一本を奪える内股を体得することはできない。体落とし、払い腰と同様に踏み込み足は、相手の両足とで築く三角形の頂点に置くように心懸ける。踏み込み足の位置が狂うと逆に自らの体勢を崩し返されてしまう。

ポイント ② 股の中心をはね上げても相手は持ち上がらない

相手の、どの部分を跳ね上げればよいのか? よく股間のど真ん中を跳ね上げようとする人がいるが、それでは相手の体は上がってくれない。戦う相手のボディサイズにもよるが同体型の相手なら膝の内側を跳ね上げるのが効果的。

3 相手の足の内膝の部分を跳ね上げる。

4 足腰のバネを利用して投げる。

5

練習方法 投げる方向へ目線を向ける！

壁につけた印に目線を向けて練習しよう。

6 最後は前に倒れ込むほどにつま先立ちになる。

2015年5月14日 初版第1刷発行

著者	古賀稔彦
構成	近藤隆夫
写真	真崎貴夫
デザイン	土井敦史(天華堂noNPolicy)
DTP	タクトシステム株式会社
DVD製作	株式会社TLIP
DVDオーサリング	株式会社ピコハウス
映像撮影	有限会社スーパーボム
発行者	中川信行
発行所	株式会社マイナビ
	〒100-0003
	東京都千代田区一ツ橋1-1-1 パレスサイドビル
	電話 0480-38-6872(注文専用ダイヤル)
	03-6267-4477(販売)
	03-6267-4403(編集)
	http://book.mynavi.jp
印刷・製本	大日本印刷株式会社

※定価はカバーに表示してあります。

※落丁本、乱丁本についてのお問い合わせは、TEL0480-38-6872(注文専用ダイヤル)、
電子メールsas@mynavi.jpまでお願いします。

※本書について質問等がございましたら、往復はがきまたは返信切手、
返信用封筒を同封のうえ、㈱マイナビ出版事業本部 編集第2部までお送りください。
お電話でのご質問は受け付けておりません。

※本書を無断で複写・複製(コピー)することは著作権法上の例外を除いて禁じられています。

※本書は株式会社毎日コミュニケーションズ(現マイナビ)より
2009年6月に発売されたものに修正・加筆を加えた再編集版です。

ISBN978-4-8399-5516-8 C0075
©2015 Toshihiko Koga
©2015 Mynavi Corporation
Printed inJapan